इलेक्ट्रिकल DISTRIBUTION

बिज़नेस में 200% ग्रोथ लाने के

7 कामयाब तरीके

समय से पेमेंट कलेक्शन और सेल्स में लगातार बढ़ोतरी

इलेक्ट्रिकल
DISTRIBUTION

बिज़नेस में 200% ग्रोथ लाने के
7 कामयाब तरीके

समय से पेमेंट कलेक्शन और सेल्स में लगातार बढ़ोतरी

शशांक गोयल

PENDOWN PRESS LLP

An ISO 9001 & ISO 14001 Certified Co.,

Regd. Office: 3767A, Kanhaiya Nagar,

Tri Nagar, Delhi-110035

Ph.: 8130886000, 9650072927

E-mail: info@pendownpress.com

Branch Office: 1A/2A, 20, Hari Sadan, Ansari Road,

Daryaganj, New Delhi-110002

Ph.: 011-45794768

Website: PendownPress.com

Edition: 2024

Price: ₹ 499/-

ISBN: 978-93-6338-467-5

Layout and Cover Designed by Pendown Graphics Team
Printed and Bound in India by Thomson Press India Ltd.

इलेक्ट्रिकल और हार्डवेयर डिस्ट्रीब्यूशन इंडस्ट्री से जुड़े मेरे सभी भाइयों के नाम – जो दिन-रात मेहनत करते हैं ताकि सभी को बिजली की आपूर्ति हो सके और मशीनें बिना किसी परेशानी के चलती रहें। आपकी लगन, ज्ञान, मेहनत और हिम्मत की वजह से ही सभी आम जनों का जीवन इतना सुविधाजनक बन पाया है, लेकिन आपका काम अक्सर नजरअंदाज रहता है। यह किताब आपकी उसी अटूट मेहनत को समर्पित है।

उम्मीद है कि इस किताब में दिए गए विचार और तरीके आपको सबसे मुश्किल समय में भी आगे बढ़ने और काम करने की प्रेरणा देंगे।

विषय-सूची

अध्याय 1. सुपर ग्रोथ के लिए नींव तैयार करना 1

1. स्पष्ट और नियंत्रित क्षेत्र में काम करें

2. उस क्षेत्र पर पूरी तरह से एकाधिकार रखें

अध्याय 2. ग्राहक को जल्दी कैसे जोड़ें 5

1. छोटे IRO कॉन्सेप्ट + वेलकम ऑफर: लुभावने प्रस्ताव
   (कामयाब तरीका 1)

2. FE और BE के लिए उचित योजना (ग्राहक को खींचने
   वाली आइटम और कमाने वाली आइटम) (कामयाब तरीका 2)

3. NBD और CRR में अलग-अलग टीम का रोल
   (कामयाब तरीका 3)

अध्याय 3. पेमेंट जल्दी प्राप्त करें 9

1. समय पर और जल्दी भुगतान के लिए
   इंसेंटिव (लाभ) दें (कामयाब तरीका 4)

2. बीट कॉन्सेप्ट (कामयाब तरीका 5)

प्रस्तावना

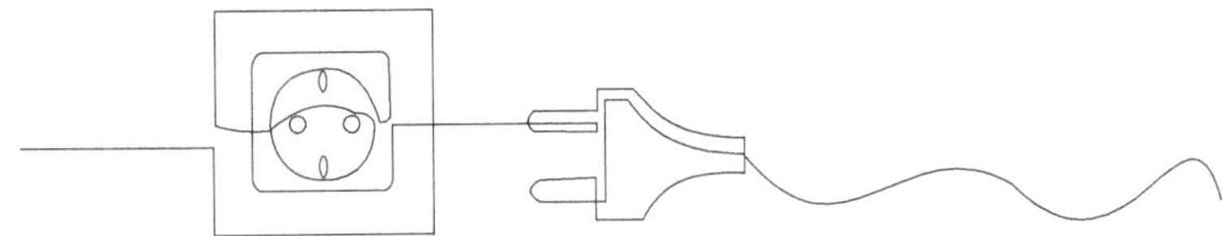

भारत, एक विशाल बाजार के साथ, व्यापार की संभावनाओं से भरपूर है। छोटे व्यापारी से लेकर बड़े उद्योगपतियों तक, हर कोई अपनी सफलता की कहानी लिखना चाहता है। लेकिन, सफलता का रास्ता हमेशा आसान नहीं होता और इसे कोई बताना भी नहीं चाहता। कई चुनौतियों का सामना करना पड़ता है, जिनमें से सबसे बड़ी है बाजार में अपनी जगह बनाना और बनाए रखना।

व्यापार की दुनिया में सफलता की कहानी हमेशा मेहनत, समर्पण, और रणनीति की होती है। इस किताब की प्रस्तावना आपके सामने एक महत्वपूर्ण यात्रा की शुरुआत का प्रतीक है। इस किताब में हमने उन सभी बुनियादी बातों को शामिल किया है, जो एक सफल बिजली के व्यवसाय के निर्माण और विकास के लिए आवश्यक हैं।

आप इस किताब को पढ़ते समय पाएंगे कि इसमें नई तकनीकों और रणनीतियों को सरल और स्पष्ट भाषा में प्रस्तुत किया गया है। मैंने उन व्यापारिक चुनौतीपूर्ण परिस्थितियों और अवसरों पर ध्यान केंद्रित किया है, जिनका सामना अक्सर बिजली के उत्पाद के डिस्ट्रीब्यूटर्स और विक्रेताओं को करना पड़ता है।

मेरा उद्देश्य है कि आप इस किताब के माध्यम से उन आवश्यक ज्ञान और उपकरणों को प्राप्त करें, जिनकी मदद से आप न केवल अपने व्यवसाय को आगे बढ़ा सकें, बल्कि अपने प्रतिस्पर्धियों से भी एक कदम आगे रह सकें। यह किताब आपको न केवल व्यवसायिक दृष्टिकोण से सशक्त बनाएगी, बल्कि आपकी सोच और रणनीति को भी नए आयाम प्रदान करेगी।

हर व्यवसाय में 'अच्छा' करने का मतलब केवल मुनाफा कमाना नहीं है, बल्कि अपने ग्राहकों के साथ मजबूत रिश्ते बनाना और समाज में सकारात्मक बदलाव लाना भी है। इस किताब के पन्नों में छिपे ज्ञान के माध्यम से, मैं चाहता हूँ कि आप अपने व्यवसाय में एक नई ऊँचाई तक पहुंचें और सफलता की नई राह पर कदम बढ़ाएं।

याद रखें, सफलता आपके हाथ में है। बस सही दिशा में प्रयास करने की जरूरत है।

सादर,

शशांक गोयल

आभार

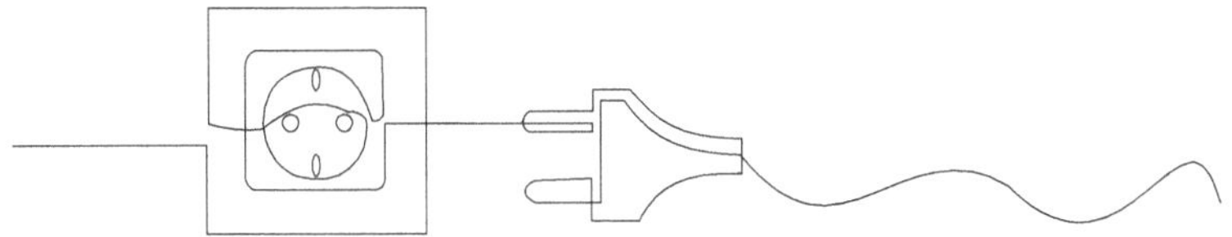

सबसे पहले मैं, मेरे स्वर्गीय दादा जी, श्री भरत सिंह गोयल, और मेरे छोटे भाई अंशुल गोयल का आभार व्यक्त करना चाहता हूँ। दादा जी के सिखाए हुए आदर्शों और भाई अंशुल के सहयोग के बिना यह कार्य हो पाना असंभव था।

मेरे माता-पिता, श्रीमती शशि गोयल एवं श्री राजीव गोयल, मेरे सबसे बड़े आदर्श हैं। आपके अटूट प्यार, मार्गदर्शन और संस्कारों ने ही मुझे इस मुकाम तक पहुँचने में मदद की है। आपके बिना यह संभव नहीं होता। आपका दिल से धन्यवाद।

मेरे घर की देवी, मेरी पत्नी श्रया गोयल, हर मायने में मेरी साथी हैं। जब मैं अपने सपनों को पूरा कर रहा था, तब उन्होंने ही हमारे परिवार को सुचारू रूप से चलाया। उनका समर्थन और प्यार मेरे लिए बहुत महत्वपूर्ण है। आपका दिल से शुक्रिया।

हॉस्पर की मेरी टीम, मेरा सहारा, मार्गदर्शक और परिवार की तरह रही है। इस यात्रा में साथ देने और मुझ पर विश्वास करने के लिए धन्यवाद।

मेरे ग्राहकों को, जिन्होंने अपने अनुभव और ज्ञान को मेरे साथ साझा किया, इस किताब को लिखने के लिए मुझ पर भरोसा करने और मुझे प्रेरित करने के लिए धन्यवाद।

हमारे परम पिता परमात्मा और गुरुओं का धन्यवाद, जिन्होंने मुझे इस किताब को पूरा करने का विचार, प्रेरणा और ज्ञान दिया। हर कदम पर मुझे प्यार, समर्थन और मार्गदर्शन देने के लिए धन्यवाद।

अंत में, उन सभी अपनों को धन्यवाद जो इस यात्रा में मेरे साथ रहे हैं। आपके अटूट समर्थन, प्रोत्साहन और प्यार के लिए धन्यवाद। भले ही आपके नाम का उल्लेख न किया गया हो, लेकिन आप हमेशा मेरे दिल में रहेंगे।

मेरा परिचय

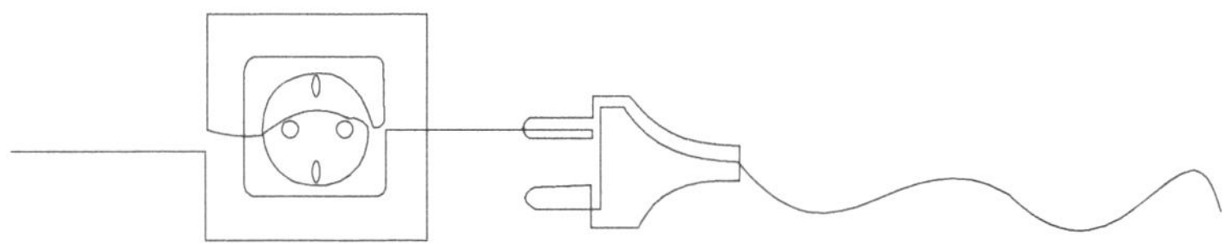

मेरा नाम शशांक गोयल है, और मैं पेशे से एक इलेक्ट्रिकल इंजीनियर हूँ। मैं एक कंपनी चलाता हूँ, जो इलेक्ट्रिकल स्विच बनाती है। दस साल से ज्यादा के अपने अनुभव में, मैंने देश भर के कई डिस्ट्रीब्यूटर और डीलरों से मुलाकात की है।

इस दौरान मैंने काफी सारे ऐसे इलेक्ट्रिकल बिजनेस देखे जो नई ऊंचाइयों तक जा पहुंचे, वहीं कुछ ऐसे थे जिन्हें आसमान से जमीन तक का सफर करना पड़ा और कई तो ऐसे थे जो आगे ही नहीं बढ़ पाए। मैंने इन्हें बड़े करीब से देखा और उनका अध्ययन किया कि उन सफल डिस्ट्रीब्यूटर्स ने आखिर ऐसा क्या किया जो आज अपना व्यवसाय इतना गुना बढ़ा पाए, वहीं दूसरी ओर उन विफल डिस्ट्रीब्यूटर्स ने ऐसी क्या गलतियां की जिसकी वजह से उन्हें अपना बिजनेस बंद करने तक की नौबत आ गई। इन सबसे मैंने काफी कुछ सीखा और एक सफल बिजनेस स्थापित करना और उसे बनाए रखने के कई रहस्य सीखे।

एक बात जो ध्यान देने वाली थी कि सफल बिजनेस चलाने वाले सभी डिस्ट्रीब्यूटर्स के बीच कुछ चीजें समान थीं, वे एक समान पैटर्न पर काम कर रहे थे, और तो और कमाल की बात तो ये थी कि वे एक-दूसरे से अंजान थे, बस उनका काम करने का तरीका एक जैसा था। इस सिद्धांत ने मुझे काफी प्रभावित किया तभी मैंने फैसला कर लिया कि मैं इसे अपने बिजनेस में लागू करूंगा और यकीन मानिए मैंने बिल्कुल ऐसे ही किया और आज मैं इस मुकाम पर हूँ। अब मैं अपने हर भाई जो इस फील्ड में है उसके साथ ये साझा करता हूँ और उनके व्यवसाय

को बढ़ाने में मदद करता हूँ। ये सारी जानकारियाँ मैं इस किताब के माध्यम से आप तक पहुँचाना चाहता हूँ।

मैं एक इलेक्ट्रिकल वितरण व्यवसाय भी चलाता हूँ, जहाँ मैं सीखी हुई इन बातों को लागू करता हूँ, जिससे मुझे इसे बेहतर समझने में मदद मिलती है। इस आजमाई हुई जानकारी के साथ, हमने सैकड़ों व्यवसाय मालिकों की जिंदगी और व्यवसायों को सुधारने और बेहतर करने में मदद की है।

मेरा सपना है कि भारत का हर इलेक्ट्रिकल व्यवसायी सफलता की ऊँचाइयों को छुए। हम एक ऐसा नेटवर्क बनाएं जो एक-दूसरे का समर्थन और सहयोग करे और अपने अनुभव साझा करे, ताकि हम सभी मिलकर नई ऊँचाइयों को छू सकें। इस यात्रा में, मैं हर व्यवसायी के साथ खड़ा हूँ, ताकि हम सब मिलकर अपने सपनों को हकीकत में बदल सकें।

इस किताब से आपको क्यों बहुत फायदा हो सकता है?

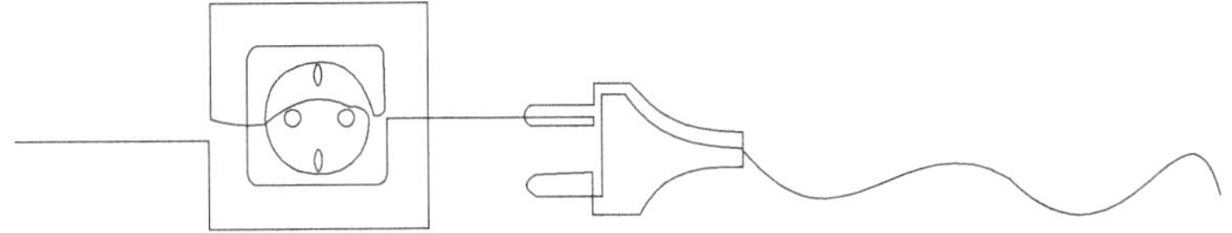

मैंने देखा है कि कई लोग (डिस्ट्रीब्यूटर्स) बहुत मेहनत करते हैं, लेकिन फिर भी उन्हें सफलता नहीं मिल पाती। इसीलिए मैंने सोचा कि इस किताब के माध्यम से उनकी मदद की जाए।

मैंने कई डिस्ट्रीब्यूटर्स के साथ काम किया। कुछ सफल हो गए, कुछ असफल रह गए। जिन्होंने सफलता पाई, उनके तरीकों को मैंने सीखा और इस किताब में साझा किया है। इतने सालों में मैंने जो कुछ भी सीखा है, उसका सार (निचोड़) आपके सामने है।

मैंने तय किया है कि इस ज्ञान को जितने ज्यादा लोगों तक पहुंचा सकूंगा, पहुचाऊं। एडवांस तकनीक अपने बिजनेस में लगाएं और समय बचाएँ

फिर समय क्यों बर्बाद करें?

मैं चाहता हूँ कि लोग आगे बढ़ें, हमारा देश भी तरक्की करे। पूरी जिम्मेदारी सरकार की नहीं होती, हमारी भी जिम्मेदारी बनती है। अगर हमें सही रास्ता पता है, तो हमें दूसरों को भी वह दिखाना चाहिए। तभी हमारा देश भी आगे बढ़ सकेगा।

हम 'हॉस्पर' नामक ब्रांड के तहत बिजली के उत्पादों का व्यापार करते हैं। हमने इन सभी नीतियों को अपने ब्रांड के साथ लागू किया है और हमारे कई डिस्ट्रीब्यूटर इनमें से कई तकनीकों का उपयोग कर रहे हैं और बहुत सफल हैं।

चाहे आप हॉस्पर के चौनल पार्टनर बनें या न बनें, इस किताब का उद्देष्य है कि आप नवीनतम तकनीकों के बारे में जानें और उनका लाभ उठाएं। आइए, साथ मिलकर सफलता की नई ऊँचाइयों को छुएं।

1

सुपर ग्रोथ के लिए नींव तैयार करना

दोस्तों, जब हम किसी भी व्यापार में उतरते हैं, तो सबसे पहले हमें अपने दायरे (क्षेत्र) का सही चुनाव करना बेहद जरूरी है। सोचिए, अगर आप एक ऐसे क्षेत्र में काम कर रहे हों, जहाँ हर कोना आपकी निगरानी में हो, हर ग्राहक तक आपकी पहुंच हो, तो न केवल आपका काम आसान होगा, बल्कि आप तेजी से तरक्की भी करेंगे। आपकी पकड़ मजबूत होगी, और आपका हर कदम सही दिशा में बढ़ेगा।

लेकिन यहीं लोग अक्सर एक आम गलती कर बैठते हैं। बड़ा क्षेत्र देखकर वे सोचते हैं कि इससे उनकी पहुँच बढ़ेगी और व्यापार फटाफट बढ़ेगा। हकीकत में, बड़ा क्षेत्र चुनना तभी समझदारी है, जब आप उसे सही तरीके से नियंत्रित कर पाएं। वरना यह एक बोझ बन सकता है, जिसे संभालना मुश्किल हो जाता है। जैसे-जैसे क्षेत्र बढ़ता है, उस पर ध्यान देना और हर कोने में सेवा देना चुनौतीपूर्ण हो जाता है, जोकि आसान काम नहीं होता।

इसलिए जरूरी है कि आप अपने दायरे को सोच-समझकर चुनें, ताकि आप न सिर्फ अपना सर्वश्रेष्ठ दे सकें, बल्कि अपने ग्राहकों को भी समय पर और बेहतरीन सेवा मुहैया करा सकें। आइए इसे और सरल भाज़ा में समझते हैं...

1. स्पष्ट और नियंत्रित क्षेत्र में काम करें

डिस्ट्रीब्यूटर को ऐसे क्षेत्र में काम करना चाहिए जहाँ वे एक सप्ताह में कम से कम एक बार विजिट कर सकें। और जब भी उन्हें ऑर्डर मिले, उसकी तुरंत (2-3 घंटे में) सप्लाई कर सकें।

लोग अक्सर क्या गलतियाँ करते हैं

लोग बहुत बड़े क्षेत्र में काम करते हैं, जो नियंत्रण से बाहर चला जाता है। वे नियमित रूप से साप्ताहिक दौरे पर DSO (डिस्ट्रीब्यूटर सेल्स ऑफिसर, डिस्ट्रीब्यूटर का स्टाफ) नहीं भेज पाते हैं, जिससे भुगतान असुरक्षित और विलंबित हो जाता है।

बहुत बड़े क्षेत्र को संभालना मुश्किल हो जाता है, समय पर सेवा नहीं हो पाती, खपत पूरी नहीं हो पाती, और पूरा कवरेज भी नहीं हो पाता है। इससे और भी निम्नलिखित समस्याएँ हो सकती हैं, जैसे कि:

➢ **हायर कॉस्ट ऑफ डिलीवरी-** जब आपका क्षेत्र दूर-दराज में होता है, तो माल भेजने और ऑर्डर लेने में लागत अधिक आती है।

➢ **स्लोवेर डिलीवरी-** दूर होने के कारण आप जल्दी डिलीवरी नहीं कर पाते। यदि कोई ग्राहक दूर से सामान ऑर्डर करता है, तो उसे डिलीवर करने में समय और लागत दोनों अधिक लगते हैं।

➢ **पेमेंट कलेक्शन में देरी-** अगर आप दूर-दूर के क्षेत्रों में हैं, तो नियमित पेमेंट कलेक्शन करना मुश्किल हो जाता है।

➢ **कम्पटीशन की आसानी से एंट्री-** अगर मार्केट पर आपकी पकड़ मजबूत नहीं होती, तो कोई भी प्रतियोगी आसानी से प्रवेश कर सकता है। लेकिन यदि आप अपने आसपास के क्षेत्र में काम कर रहे हैं, तो ऐसा होने की संभावना कम रहती है।

समाधान- क्षेत्र छोटा हो, लेकिन ग्राहकों की संख्या अधिक हो ताकि तेज सेवा और बेहतरीन सप्लाई हो सके। बड़ा क्षेत्र होना जरूरी नहीं है, लेकिन जो भी क्षेत्र हो, उसे अच्छे से प्रबंधित करें। बड़ा क्षेत्र अपने नाम लिखवाने से कोई पदक नहीं मिलेगा, बल्कि उससे टेंशन ही बढ़ेगी। छोटा क्षेत्र संभालें, लेकिन अच्छे से!

आपका अपने क्षेत्र पर पूरा नियंत्रण और हर प्रकार की जानकारी तभी संभव है, जब हर कस्टमर आपके लगातार संपर्क में हो।

2. उस क्षेत्र पर पूरी तरह से एकाधिकार रखें

जिस क्षेत्र में आप काम करते हैं, वहाँ आपका पूरा एकाधिकार होना चाहिए। आपके क्षेत्र में अन्य डीलर आपके रेट पर उत्पाद कहीं और से न खरीद सकें, यह सुनिश्चित करें। अगर आपके ग्राहक को कहीं और से सस्ता सामान मिल जाता है, तो यह आपके व्यापार के लिए गंभीर समस्या पैदा कर सकता है। इसलिए, आपको उस क्षेत्र में सप्लाई का एकाधिकार होना चाहिए, नहीं तो आप प्रतिस्पर्धा और मार्केट में अपनी स्थिति खो सकते हैं।

कुछ कंपनियाँ बिना क्षेत्र को स्पष्ट किए डिस्ट्रीब्यूटर बना देती हैं, जिससे बाधाएं पैदा हो जाती हैं। ऐसा नहीं होना चाहिए। आपका क्षेत्र स्पष्ट और सीमित होना चाहिए,

और आपको सुनिश्चित करना चाहिए कि कोई और आपके क्षेत्र में न आए और आप अपने क्षेत्र से बाहर न जाएँ।

यदि आप इन सिद्धांतों का पालन करते हैं, तो आपका लाभ उचित और सुरक्षित रहेगा।

गलतियाँ जिनसे बचना चाहिए

लोग अक्सर अपने क्षेत्र को ठीक से कवर नहीं करते, जिससे बिक्री प्रभावित होती है। इसके कारण कंपनी को अतिरिक्त डिस्ट्रीब्यूटर की जरूरत पड़ती है, जिससे संघर्ष और विवाद उत्पन्न होते हैं। जो भी क्षेत्र आप संभालें, उसे पूरी गहराई और ध्यान के साथ करें। एक सुव्यवस्थित और प्रभावी क्षेत्र प्रबंधन न केवल आपके व्यवसाय को बढ़ाएगा बल्कि आपकी बाजार में स्थिरता भी सुनिश्चित करेगा।

कुछ अतिरिक्त सुझाव

- अपने ग्राहकों के साथ मजबूत संबंध बनाएं। नियमित रूप से उनसे संपर्क करें और उनकी आवश्यकताओं को समझें।

- अपने उत्पादों और सेवाओं का वितरण प्रभावी ढंग से करें। लोगों को बताएं कि आप क्या पेश करते हैं और उन्हें आपकी आवश्यकता क्यों है।

- एक मजबूत टीम बनाएं। ऐसे लोगों को काम पर रखें जो प्रतिभाशाली, मेहनती, और ग्राहक-केंद्रित हों।

- नवीनतम इनोवेशन और तकनीकों से अपडेट रहें। अपने व्यवसाय को प्रतिस्पर्धी बनाए रखने के लिए लगातार अपग्रेड करते रहें।

इन सुझावों का पालन करके, आप एक सफल डिस्ट्रीब्यूटर बन सकते हैं और अपने व्यवसाय को विकसित कर सकते हैं।

याद रखें- सही क्षेत्रीय नियंत्रण और एकाधिकार आपके व्यवसाय की सफलता की कुंजी हैं। इन सिद्धांतों को अपनाकर, आप न केवल अपनी प्रतिस्पर्धात्मक स्थिति को मजबूत कर सकते हैं, बल्कि अपने ग्राहकों को बेहतर सेवा भी प्रदान कर सकते हैं, जिससे आपके व्यापार की वृद्धि और लम्बे समय तक सफलता बरकरार रहेगी।

2

ग्राहक को जल्दी कैसे जोड़ें

1. छोटे IRO कॉन्सेप्ट + वेलकम ऑफरः लुभावने प्रस्ताव

(कामयाब तरीका 1)

> **IRO (IRResistible Offer)-** यह एक ऐसा तरीका है जिसमें नए ग्राहकों को जल्दी से आकर्षित करने के लिए एक खास और आकर्षक प्रस्ताव दिया जाता है। इसका मतलब है कि ग्राहक को तुरंत कुछ गिफ्ट या डिस्काउंट दिया जाता है ताकि वे जल्दी से ऑर्डर दें। इससे ग्राहक को लुभाना आसान हो जाता है और जल्दी से बिक्री होती है।

एक नई दुकान जोड़ने के लिए, DSO को बार-बार उस दुकान पर जाना पड़ता है। इससे समय, पैसा, और मेहनत तीनों ही बर्बाद होते हैं। अगर जोड़ा जाए तो इसमें काफी पैसे खर्च होते हैं। और जो उस दुकान से काम करके कमाई की जा सकती थी, उसके बारे में तो आप हिसाब भी नहीं लगा पाओगे।

क्यों न उस खर्च को हम पहले ही बार में खर्च करके कुछ ऐसा करें कि दुकानदार को हम लुभावने प्रस्ताव देकर जोड़ सकें।

आपको ऐसी कोई आइटम तैयार करनी है जिसे दुकान वाला मना न कर सके। पहली या दूसरी विजिट में ही ऑर्डर मिल जाए।

उदाहरण से सीखें

हमारे एक डिस्ट्रीब्यूटर ने इस एक शानदार तरीका अपनाया। उन्होंने एक वेलकम ऑफर बनाया, जिसमें कंपनी से मिले 10 पीस मयूर जग (कैम्पर) को नए ग्राहक को वेलकम गिफ्ट के रूप में देने का प्रस्ताव रखा। उन्होंने कहा, "हमें कंपनी से 10 पीस मयूर जग (कैम्पर) मिले थे, नए ग्राहक को वेलकम गिफ्ट के रूप में देने के लिए। सुबह से 6 दे चुका हूँ, अब चार ही बचे हैं। सर आपको माल तो अच्छा लगा ही होगा, और रेट भी ठीक लग रहे हैं इसीलिए मैं चाहता हूँ कि यह गिफ्ट आपको दे सकूं। आप कुछ ऑर्डर दे दीजिए, ताकि काम शुरू हो और यह वेलकम गिफ्ट मैं आपको दे सकूं।"

इस रणनीति के तहत, उन्होंने मात्र 3 हफ्तों में 30-35 नई दुकानें जोड़ लीं। यह

तरीका न केवल दुकान मालिकों को आकर्षित करता है बल्कि उन्हें तुरंत और अधिक ऑर्डर देने के लिए भी प्रेरित करता है।

लोग अक्सर क्या गलतियाँ करते हैं- लोग आमतौर पर कठिन तरीके से काम करते हैं, जिससे उनका समय, पैसा और प्रयास बर्बाद होता है।

2. FE और BE के लिए उचित योजना (खींचने वाली आइटम और कमाने वाली आइटम) (कामयाब तरीका 2)

➢ **खींचने वाली आइटम**- ऐसी वस्तुएँ जो ग्राहकों को आकर्षित करने और उन्हें कंपनी के साथ जोड़े रखने के लिए उपयोग की जाती हैं। इनका मूल्य कम रखा जाता है ताकि ग्राहक इसे खरीदने के लिए प्रेरित हों और कंपनी के अन्य उत्पादों को खरीदने के लिए दुकान पर आएं। मार्केट में इसकी डिमांड हमेशा बनी रहे क्यूंकि इसके सहारे और प्रोडक्ट बिक जाते हैं।

➢ **कमाने वाली आइटम**- डिस्ट्रीब्यूटर्स और डीलर्स के लिए कमाने वाली आइटम अलग-अलग होती है। कमाने वाली आइटम, जो खींचने वाली आइटम से मिलती-जुलती होती है, वो हमने अपने ब्रांड में क्रिएट किए हुए हैं। खींचने वाली आइटम से कस्टमर उनके पास आता है और जिससे वो कमाने वाली आइटम से कमा लेता है।

बड़ी कंपनियों की रणनीति

बड़ी कंपनियाँ ऐसी योजना बनाती हैं कि ग्राहक किसी तरह एक उत्पाद के लिए उनकी दुकान या शो-रूम में आ जाए, और फिर बाद में वे उसे उस कंपनी का माल बेच दें।

गलती: लोग यह सही से परिभाषित नहीं कर पाते कि किस आइटम में कमाई करनी है और किसमें नहीं।

3. NBD और CRR में अलग-अलग टीम का रोल

(कामयाब तरीका 3)

➢ **NBD (New Business Development)**- नए ग्राहक खोजना और उनको

कंपनी से जोड़ना।

➤ **CRR (Customer Retention and Relationship)-** पुराने ग्राहक से लगातार संपर्क में रहना।

व्यापार बढ़ाना और मौजूदा व्यापार को बनाए रखना दो अलग-अलग बातें हैं। इन्हें अलग-अलग संभालना चाहिए। इसको कैसे इस्तेमाल करना है आज हम आपको उदहारण के माध्यम से समझाते हैं:

➤ **जहाँ मार्किट के लिए 3 स्टाफ थे-** शर्मा जी UP के एक जिले में वितरण करते हैं। पहले उनके पास मार्केट के लिए 3 लड़के (DSO) थे, जो अलग-अलग दिन अलग-अलग बीट पर जाते थे। और पुरानी दुकान से आर्डर लेकर आते थे, जिससे उनकी सेल्स एक जगह पर रुक गयी थी। तब हमने उनको सलाह दी कि आप दो लड़कों को पुरानी दुकानों से ऑर्डर लाने पर लगाएं और एक को काम दीजिये कि उसे नई दुकानें ढूँढना है और वहां से आर्डर लाना है। और वो पुरानी दुकान पर अब नहीं जाएगा, इस तरह से धीरे-धीरे उनका काम बढ़ने लगा।

➤ **जहाँ मार्किट के लिए 2 स्टाफ थे-** उनके पास 2 लोग थे। उन्होंने कहा कि नए काम पर एक व्यक्ति लगाना संभव नहीं है। हमने उन्हें सलाह दी कि सोमवार और मंगलवार को दोनों लोग सिर्फ नई दुकानों से ऑर्डर लें, बाकी दिनों में पुरानी दुकानों पर जाएं। इस तरह से उनकी व्यवस्था कराई, जिससे उनका काम काफी बढ़ा।

➤ **जहाँ मार्किट के लिए 1 स्टाफ था-** इन भाई के यहाँ अलग समस्या थी, यह पुरानी दुकानों पर ध्यान कम देते थे और नई दुकानों में ज्यादा रुचि रखते थे। जैसे कि एक कहावत है ना, "आगे दौड़, पीछे छोड़", हमने उन्हें समझाया कि तरक्की हमेशा रिपीट बिजनेस से होती है और फिर यहाँ भी एक टीम बनवाई और काम अच्छे से बंटवाया जिससे उनका व्यवसाय सुचारू हो गया।

सही रणनीति और टीम प्रबंधन आपके व्यवसाय की सफलता की कुंजी हैं। इन तरीकों को अपनाकर आप अपने व्यवसाय को तेजी से बढ़ा सकते हैं और ग्राहकों को बेहतर सेवा प्रदान कर सकते हैं।

3

पेमेंट जल्दी प्राप्त करें

1. समय पर और जल्दी भुगतान के लिए इंसेंटिव (लाभ) दें (कामयाब तरीका 4)

अगर आपको किसी अतिरिक्त छूट के बारे में जानकारी मिलती है, तो क्या आप उसे लेने की कोशिश नहीं करते? निश्चित रूप से करते हैं। ठीक इसी तरह, हमें अपने डीलरों के लिए भी कैश भुगतान, तेज भुगतान और समय पर भुगतान के लिए इंसेंटिव (लाभ) योजना बनानी चाहिए, जिससे उन्हें जल्दी से जल्दी भुगतान करने की इच्छा हमेशा बनी रहे। ऐसा करने से हमें पेमेंट जल्दी मिलेगी और साथ ही, पता चल जाएगा कि कौन से डीलर भरोसेमंद हैं और किनके पास पैसे की कमी हो सकती है।

कुछ छूट आप कैश भुगतान पर, कुछ 15 दिनों के बाद, और कुछ 30 दिनों के बाद दे सकते हैं और उसके बाद इस स्कीम को बंद कर सकते हैं। जो लोग भुगतान करने में ईमानदार हैं, वे जल्दी से जल्दी भुगतान करके कुछ पैसे बचाने की कोशिश करेंगे। वहीं, जो भुगतान नहीं करना चाहते, जिनकी नियत सही नहीं है, या आर्थिक स्थिति खराब है, उन्हें आप आसानी से पहचान सकते हैं। लेकिन ये सब करने के लिए, हमें अपने बिजनेस में अच्छा मार्जिन होना चाहिए, ताकि हम छूट देने के बाद भी अच्छा मुनाफा कमा सकें।

लेकिन यह हर ब्रांड में करना संभव नहीं है, इसके लिए आपको एक विशेष मोनोपॉली ब्रांड की आवश्यकता होगी, जहाँ आप अतिरिक्त मार्जिन रख सकें और फिर भी कोई अन्य वितरक वही रेट न दे सके। साथ ही साथ, उसकी क्वॉलिटी भी अच्छी होनी चाहिए।

2. बीट कॉन्सेप्ट (कामयाब तरीका 5)

आपका या आपके कर्मचारी का दौरा और बीट प्लान सही तरीके से सेटअप होना चाहिए। इसके लिए पहले से ही योजना बनाई जानी चाहिए।

आम तौर पर, बड़े डिस्ट्रीब्यूटर्स हर लड़के के लिए एक सप्ताह के हिसाब से 6 अलग-अलग रूट प्लान (बीट प्लान) बना देते हैं, जिससे वह उनको हर एक

हफ्ते बाद रिपीट कर देते हैं। हर बीट पर अधिकतम 25 दुकानें या काउंटर होते हैं। इससे फायदा यह होता है कि हर सप्ताह नियमित रूप से दौरा हो जाता है। यदि 2 कर्मचारी हैं तो 12 बीट प्लान और यदि 3 कर्मचारी हैं तो 18 बीट प्लान बनते हैं।

इस प्रकार नियमित अंतराल पर ग्राहक से मुलाकात होती रहती है। और एक स्टाफ माल पहुंचाने का काम करता है, जिसका काम होता है ऑर्डर आते ही माल छोड़ के आने का। जब ऑर्डर वाला स्टाफ काम पर निकलता है, तो निकलने से पहले पिछली शाम को या तो सुबह वह सभी पार्टियों को फोन करके अपने आने के बारे में बता देता है और उनसे पूछ लेता है कि अगर उन्हें कोई 1-2 जरुरी आइटम मंगाने हों तो बता दें। इससे क्या होता है कि डीलर को अगर अर्जेंट में कुछ चाहिए होता है, तो वह उस लड़के को बता देता है और उसकी पेमेंट भी पहले से तैयार रखता है ताकि उसको जो चाहिए हो समय पर मिल जाए। इस प्रकार हम डीलर को अच्छी सर्विस दे पाते हैं, जिससे उसके मन में हमारी साख और मजबूत हो जाती है।

3. डीलरों की देखभाल - उत्कृष्ट सेवा - उनको इसकी आदत लगा दें

आपकी सफलता की कुंजी और आपके ग्राहक के दिल की कुंजी एक ही है।

उनकी जरूरतों, समस्याओं, और वो क्या महसूस कर रहे हैं, इन सबकी पहचान करें। उनकी जरूरतों को पूरा करके, आप एक मजबूत रिश्ता बना सकते हैं। उनकी इतनी अच्छी तरह से देखभाल करें कि वे आपके ब्रांड के प्रति एक वफादार समर्थक बन जाएं और जहाँ भी जाएं आपके ब्रांड का नाम उनकी जुबान पर एक प्रशंसक की तरह हमेशा रहे। ऐसा करने के लिए-

➤ नियमित (हर हफ्ते) एक सेल्सपर्सन को दौरा करने भेजना होगा।

➤ सुपर फास्ट सप्लाई करनी होगी।

➤ उनसे जुड़े रहने और हाल-चाल जानने के लिए नियमित तौर पर हर हफ्ते या 15 दिन में आप खुद फोन करते रहें।

- ➤ सुपर फास्ट रिप्लेसमेंट या अन्य किसी भी मुद्दों का समाधान।

- ➤ उनकी जरूरतों और सुझावों पर ध्यान दें और सुनिश्चित करें कि इन्हें कंपनी तक प्रभावी ढंग से पहुंचाया जाए।

- ➤ इलेक्ट्रीशियन के साथ चाहे मीटिंग आयोजित करके या किसी और तरीके से, आपको अपने दुकानदार और इलेक्ट्रीशियन के बीच का रिश्ता मजबूत करना होगा।

- ➤ बैठकों को सुविधाजनक बनाकर उन्हें आपके उत्पाद को बेचने में सहायता करें।

- ➤ नए ग्राहकों को आकर्षित करने के लिए नए-नए आइडिया दें और उन्हें प्रचार रणनीतियों में मदद करें।

- ➤ ठेकेदारों को टाई-अप कराने में मदद करें और उन्हें नए-नए तरीके सुझाएँ कि वे नई कंस्ट्रक्शन साइट्स किस तरह से पकड़ सकते हैं।

गलतियाँ जिनसे बचना चाहिए

ऐसा न हो कि आपकी देखभाल को कोई आपकी कमजोरी या बेवकूफी समझने लगे। यदि आपको लगे कि कोई आपकी देखभाल का गलत फायदा उठा रहा है, तो उसे ब्लैकलिस्ट कर दें। उसने साबित कर दिया है कि वह आपके प्रेम और देखभाल के लायक नहीं है।

चलिए अगले अध्याय में ये समझते हैं की पेमेंट सुरक्षित कैसे रखी जाए....

4

पेमेंट को सुरक्षित रखें

1. कम से शुरू करें और धीरे-धीरे बढ़ाएं

जब भी कोई नया काउंटर शुरू किया जाए, तो कोशिश करें कि छोटे ऑर्डर से शुरुआत हो, ताकि कम राशि का जोखिम हो। जब वह पेमेंट समय पर आ जाए, तब धीरे-धीरे ऑर्डर की रकम को बढ़ाया जाए। हर काउंटर की एक ऊपरी सीमा हमेशा सेट करके रखें, ताकि उस लिमिट से ज्यादा कभी भी उधार न हो। ऐसा सभी करते हैं, इसमें कोई बुराई नहीं है। बड़े-बड़े बैंक भी ऐसा ही करते हैं।

यदि आप पहले से किसी काउंटर या डीलर की जांच-पड़ताल कर चुके हैं और उसकी रिपोर्ट अच्छी है, तो आप बड़ी राशि से भी शुरुआत कर सकते हैं।

डीलर की दुकान देखकर भी अनुमान लगाना सीखें और अपने स्टाफ को उसकी विश्वसनीयता के बारे में जांच करने के लिए प्रशिक्षित करें। उसकी दुकान के बारे में अन्य सेल्समैन और सप्लायर कैसे बात कर रहे हैं, इसके लिए भी अपने कान खुले रखें। इससे आप व्यापारिक जोखिमों को कम कर सकेंगे और भुगतान को सुरक्षित रख सकेंगे।

इस प्रकार, छोटे से शुरू करके और धीरे-धीरे बढ़ाकर, आप अपने व्यापार को सुरक्षित और सफल बना सकते हैं।

2. पेमेंट की बात साथ-साथ करें, चाहे पहला ऑर्डर ही क्यों न हो (कामयाब तरीका 6)

अगर कोई सेल्समैन ऑर्डर लेकर आया है और उसने पेमेंट की बात नहीं की, तो उस ऑर्डर का कोई फायदा नहीं।

जब भी किसी नए काउंटर पर आप मैटेरियल भेजते हैं, तो बिना अपने या किसी अन्य स्टाफ के माध्यम से भुगतान शर्तें पक्की किए बिना मैटेरियल कभी न भेजें। कई बार कुछ लोग सोचते हैं कि हमें पहली मुलाकात में आर्डर लेने में ही समस्या हो जाती है, तो हम पेमेंट की बात कैसे करें। मैं इससे पूरी तरह से सहमत हूँ, पर बिजनेस का संतुलन बनाने के लिए हमें ये कदम उठाने ही पड़ेंगे और इससे दोनों पक्षों के बीच विश्वास बना रहेगा और आगे की समस्याओं से बचा जा सकेगा।

➤ **व्यापारिक संतुलन**- याद रखें कि मैटेरियल बेचने से केवल डिस्ट्रीब्यूटर को ही

नहीं, बल्कि डीलर को भी उतना ही फायदा होता है। इसलिए, हमारे डिस्ट्रीब्यूटर्स को बहुत झुक कर काम करने की जरूरत नहीं है। यह डील दोनों डीलर और डिस्ट्रीब्यूटर के लिए फायदे का सौदा होनी चाहिए। अगर कोई एक भी ज्यादा दबेगा, तो यह रिश्ता लंबा नहीं चलेगा।

उदाहरण से सीखें

हमारे एक डिस्ट्रीब्यूटर भाई ने इस प्रक्रिया में एक बदलाव किया। उन्होंने कहना शुरू किया, "भाई साहब, आप यह मैटेरियल ट्राई करके देखें, आप कम मात्रा में मैटेरियल (2-4 हजार का) रखकर देखें और अपने ग्राहक को दिखाएं। अगर आप उसके बाद रिपीट ऑर्डर देंगे तभी मैं आपसे उसकी पेमेंट लूंगा, वरना आप मैटेरियल वापस कर देना। इसमें आपको कोई जोखिम नहीं उठाना पड़ेगा। फीडबैक के लिए मैं एक हफ्ते बाद आकर आपसे मिलूंगा।"

जब वो डिस्ट्रीब्यूटर एक हफ्ते बाद उस डीलर से मिलते हैं, तो देखते हैं कि वो डीलर उस ट्रायल मैटेरियल से काफी खुश होता है और उन्हें रिपीट ऑर्डर दे देता है, और साथ में ऑर्डर की कुछ पेमेंट एडवांस में कर देता है।

महत्वपूर्ण बातें

- **कम खतरा, जल्दी प्रवेश-** यह तरीका डीलर के साथ विश्वास बनाने का एक शानदार तरीका है। डीलर को लगता है कि उसका कोई जोखिम नहीं है और वह प्रोडक्ट को ट्राई करने के लिए तैयार हो जाता है।

- **फीडबैक प्राप्त करें-** एक हफ्ते बाद मिलने से डीलर को यह अहसास होता है कि आप उनकी फीडबैक को महत्व देते हैं। इससे उनके साथ आपके संबंध मजबूत होते हैं।

- **आगे के कदम-** यदि डीलर रिपीट ऑर्डर देता है, तो इसका मतलब है कि उसने उत्पाद को पसंद किया और उसका बिक्री में उपयोग किया। इस तरह, आप धीरे-धीरे ऑर्डर की राशि बढ़ा सकते हैं और एक मजबूत व्यापारिक संबंध बना सकते हैं। अगर वे ऑर्डर नहीं भी देते हैं, तो आप उन्हें अगले हफ्ते विजिट के लिए

फिर से आमंत्रित कर सकते हैं।

इस प्रकार, भुगतान की बात साथ-साथ करके और एक भरोसेमंद और पारदर्शी तरीके से काम करके, आप अपनी पेमेंट को सुरक्षित और बिजनेस को सफल बना सकते हैं।

3. कैश ऑन डिलीवरी पर काम करने की कोशिश करें, हां यह संभव है!

शायद आपको यह सुनकर थोड़ा अजीब लगे, लेकिन हमारे कुछ डिस्ट्रीब्यूटर भाइयों ने कुछ ऐसी भुगतान नीति और डिस्काउंट का सेटअप किया है जिससे डीलर खुद कहते हैं, "आप नकद ही ले लो, हमें उधार नहीं चाहिए।"

नकद छूट एक शक्तिशाली प्रोत्साहन है जो डीलरों को तुरंत भुगतान करने के लिए प्रेरित कर सकता है, क्योंकि वे देखते हैं कि इसमें उनका सीधा लाभ है। यह आपके लिए भी फायदेमंद है क्योंकि नकद भुगतान में किसी भी देरी या बकाया का जोखिम नहीं रहता।

4. सिर्फ पक्के बिल पर ही काम करें

पर्ची पर काम करने से गलती होने की संभावना रहती है इसीलिए हमेशा पक्के बिल पर काम करना सुनिश्चित करें। जब भी आप बिल बनाएं, तो उस पर डीलर की पूरी जानकारी जैसे सही नाम, पता, फोन नंबर, पैन नंबर, जीएसटी नंबर, और आधार नंबर का स्पष्ट उल्लेख करें। जब भी मैटेरियल भेजें, तो उस बिल की साइन की हुई एक कॉपी अपनी बिल फाइल में अवश्य रखें। मैटेरियल मिलने और उसकी सही स्थिति की पुष्टि हमेशा लिखित रूप में व्हाट्सएप पर प्राप्त करें, ताकि भविष्य में डीलर इसे नकार न सके।

मैटेरियल प्राप्त होने की रसीद अवश्य लें और व्हाट्सएप पर ऑर्डर का सही रिकॉर्ड बनाए रखें। पेमेंट के तकाजे के लिए व्हाट्सएप पर लिखित रिमाइंडर भेजें।

5. सही ब्रांड में निवेश और एकाधिकार की ताकत

अपना समय और ऊर्जा उस ब्रांड में निवेश करें जिसमें एक दिन बाजार का लीडर

बनने की क्षमता हो, और आप उस पर एकाधिकार रखें। कोई भी डीलर कभी भी उस प्रोडक्ट के सप्लायर के पैसे रोकने की सोच भी नहीं सकता, जिसकी मांग ग्राहकों के बीच काफी ज्यादा हो, और जिसका केवल एक ही सप्लायर हो।

ऐसा हो सकता है, अगर आप सही प्रोडक्ट ब्रांड का चयन करेंगे तो-

➢ प्रोडक्ट की गुणवत्ता अच्छी हो, ताकि भविष्य में उसके बार-बार ऑर्डर आने की संभावना हो।

➢ कंपनी आपके क्षेत्र में आपकी मोनोपॉली बनाए रखे और निष्पक्ष हो।

डीलर बाजार में अग्रणी ब्रांडों के, जिनका एकमात्र सप्लायर हो, उनके पेमेंट रोकने का जोखिम नहीं उठा सकते।

5

डीलरों की देखभाल: कैसे बनाएं उन्हें अपना फैन?

1. डीलर के लिए हमेशा उपयोगी बने रहें

आपकी सफलता का रास्ता आपके ग्राहक की सफलता से होकर जाता है। या आप यह कह सकते हैं कि आप उतने ही सफल होंगे जितना आपका ग्राहक आपकी वजह से सफल होगा। कीमत उसी चीज की होती है जिसका कोई उपयोग होता है, जिस चीज का कोई उपयोग नहीं होता उसे कोई मुफ्त में भी ले जाकर खुश नहीं होता। जो जितना ज्यादा उपयोगी (काम का) होता है, उसकी उतनी ज्यादा कीमत होती है।

हमें अपने प्रतियोगियों (अन्य वितरकों) से ज्यादा उपयोगी बनना है। यहां कुछ तरीके दिए गए हैं जिनसे आप यह कर सकते हैं-

> **बड़े डीलरों को कमाने के अवसर देना**- जैसे कि कुछ प्रोडक्ट में मोनोपोली बनाना।

> **टार्गेट स्कीम बनाना**- जिससे पाने के लिए डीलर उत्साहित रहें।

> **सुपर फास्ट सप्लाई**- ताकि डीलरों को स्टॉक कम रखना पड़े।

इस तरह, आप अपने ग्राहकों के लिए सबसे अधिक उपयोगी बन सकते हैं और बाजार में अपनी जगह मजबूत कर सकते हैं।

2. जिस उत्पाद पर आप व्यापार बना रहे हैं, वह उच्च-गुणवत्ता का होना चाहिए (कामयाब तरीका 7)

कोई भी व्यवसाय, चाहे वह डिस्ट्रीब्यूशन हो या अन्य कोई, जमने में समय लेता है। जैसे कि किसान खेती करता है, उसमें चाहे वह बीज अच्छा ले या बेकार, उसकी मेहनत उतनी ही होगी। अगर बीज अच्छा होगा तो फसल अच्छी होगी, वरना फसल खराब होगी। किसान की मेहनत में कोई खास फर्क नहीं आता।

उसी तरह, यदि आप एक उच्च गुणवत्ता वाला उत्पाद चुनते हैं, तो आपके व्यवसाय की फसल भी अच्छी होगी और उसकी मांग बढ़ने की संभावना अधिक होगी। लेकिन अगर उत्पाद की गुणवत्ता अच्छी नहीं है, तो चाहे आप कितनी भी मेहनत कर लें, अंत में आपको वह परिणाम नहीं मिलेगा जो आप चाहते हैं, और केवल समय खराब होगा। मेहनत के बाद भी फसल अच्छी नहीं आएगी।

कुछ महत्वपूर्ण बातें

➤ **ग्राहक प्रतिक्रिया:** ग्राहकों से फीडबैक लें और इसे अपने उत्पाद में सुधार के लिए कंपनी तक पहुचाएं। इससे आपके उत्पाद की गुणवत्ता लगातार बेहतर होती जाएगी।

➤ **निरंतर सुधार:** बाजार की बदलती जरूरतों के अनुसार अपने उत्पाद को लगातार अपडेट और सुधारते रहें। यह आपके बिजनेस को लंबे समय तक मजबूत बनाए रखेगा।

➤ **सहयोग और सुझाव:** सिर्फ माल की बात न करें, बल्कि अपने सुझावों का उपयोग करके जहाँ भी उनकी मदद कर सकते हैं, वहाँ मदद करने का प्रयास करें। जैसे कि उन्हें उत्कृष्ट ग्राहक सेवा, दिशा-निर्देश, और उपयोगी जानकारी, आदि देकर मार्गदर्शन करें।

इस प्रकार, एक मजबूत और उच्च गुणवत्ता वाले उत्पाद के साथ, आप न केवल अपने व्यवसाय को सफल बना सकते हैं बल्कि ग्राहकों की संतुष्टि और विश्वास भी प्राप्त कर सकते हैं।

3. नए बिजनेस को शुरूआत में समर्थन दें, उन्हें बढ़ावा दें!

जब आप किसी नई दुकान को माल देते हैं, तो आपको समझना चाहिए कि वह आपसे तब ही फिर से माल लेगा जब उसका पुराना स्टॉक बिक जाएगा। इससे पहले वह रिपीट ऑर्डर नहीं देगा। इसलिए हमें विचार करना चाहिए कि उसका माल जल्दी कैसे बिके।

उदाहरण से सीखें

मैं आपको बताता हूँ कि कैसे हमारे एक डिस्ट्रीब्यूटर भाई ने एक शानदार तरीका अपनाकर इसका समाधान निकाला। जैसे ही वे किसी नई दुकान को मैटेरियल देते थे, वे उसके वहां आर्डर पहुँचाने के बाद इलेक्ट्रिशन्स की एक बैठक आयोजित करते थे और फिर वहां उत्पाद के बारे में उनको समझाते थे, उनके किसी भी तरह के संदेह दूर करते थे। फिर उन्हें अंत में कमीशन के रूप में अपनी जेब से 5% कमीशन की पेशकश करते थे, एक टार्गेट देते थे और कहते थे कि यह 6 महीने की हमारी एक स्कीम है। हम 3 महीने बाद फिर से यह बैठक करेंगे, जहां पुरस्कार वितरित करेंगे।

फिर क्या था इससे उनका माल तुरंत उठने लगा, डीलर प्रोडक्ट खरीदना शुरू करने लगे और फिर रिपीट ऑर्डर भी आने शुरू हो गए। हां, 3 महीने के लिए डिस्ट्रीब्यूटर का मार्जिन कुछ कम रहता था, लेकिन उनसे नए लोग जुड़ने लगे।

3 महीने बीत जाने के बाद दोबारा से मीटिंग रखकर उपहार और राशि वितरित की जाती थी। और साथ ही जो पहले स्थान पर आता था, उसको जीती हुई कमीशन की राशि के अलावा कुछ अतिरिक्त सामान उपहार के रूप में दिया जाता था और फिर वह वह सबको बताता था कि उसने यह कैसे किया।

नतीजतन इससे प्रेरित होकर उस डीलर ने 3 महीने बाद अपनी पॉकेट से ही ये स्कीम देनी शुरू कर दी, क्योंकि उस डीलर को इससे लाभ दिखता था। ये एक चेन की तरह काम करने लगा, जिससे सभी एक नए जोश से काम करने लगे।

6

अपना बिजनेस बढ़ाएँ

1. सही स्टॉक में (Inventory) निवेश करें

यह तय करना कि कितनी इन्वेंट्री (स्टॉक) रखनी है, किन-किन चीजों की रखनी है, किसकी रखनी है और किनकी नहीं, यह एक बहुत बड़ी समस्या है। जिस आइटम की मांग अधिक हो और जो काफी बिकता हो, उसकी कमी कभी भी नहीं होनी चाहिए।

काम बढ़ाना अच्छी बात है, लेकिन अगर बिना पर्याप्त फंड उपलब्धता के काम को बढ़ाया जाता है, तो आगे चलकर स्टॉक की कमी से काम बिगड़ सकता है। जो भी काम करें, उसे सोच-समझकर हिसाब से करें, ताकि उसमे फंड की कमी न आए। कुछ लोगों को लगता है कि कंपनी से 30 या 45 दिन का क्रेडिट सपोर्ट मिल जाएगा और इससे उनका काम चल जाएगा। लेकिन मैंने देखा है कि बहुत कम लोग इस सहायता का सही इस्तेमाल कर पाते हैं। ज्यादातर लोग इस सपोर्ट के भरोसे बाजार में क्रेडिट देकर काम को उलझा लेते हैं।

वित्तीय सहायता मिलने से काम करने के तरीके में बदलाव नहीं आता, बल्कि असल जरूरत काम को सही तरीके से करने की होती है। गलत तरीके पर वित्तीय सहायता मिलने से काम और भी बिगड़ जाता है।

कम कंपनियों का काम करें, लेकिन जिसके साथ भी करें, उसे सही तरीके से करें। आइटम्स कम हों, लेकिन उनके ग्राहकों की संख्या ज्यादा हो, तभी कम निवेश में अधिक रोटेशन कर पाएंगे और अच्छा मुनाफा कमा पाएंगे।

- ➤ **गलतियां जो अक्सर लोग करते हैं-** हर आइटम को सही से चलाने के लिए उचित स्टॉक, बाजार में क्रेडिट, और हाथ में नकदी का संतुलन बनाए रखना पड़ता है। लोग इसका सही हिसाब नहीं लगाते और ज्यादा काम हाथ में ले लेते हैं, जिससे आने वाले समय में फंड की कमी की समस्या हो जाती है और कोई भी काम पूरा नहीं हो पाता।

- ➤ **सुझाव-** सही निवेश, कुशल प्रबंधन और समझदारी भरा निर्णय लेना ही व्यापार को सफल बनाता है। अपनी व्यापारिक रणनीति को समय-समय पर मूल्यांकित

करें और आवश्यकतानुसार सुधार करते रहें। इससे न केवल आपकी पूंजी सुरक्षित रहेगी, बल्कि आपके मुनाफे में भी स्थिरता बनी रहेगी।

2. सही लेखा-जोखा

बहुत से लोग अपने खातों को सही से नहीं रख पाते और आज भी अपनी पर्चियों में उलझे रहते हैं। इसकी वजह से काफी नुकसान होते हैं-

➤ किसकी पेमेंट कितनी पुरानी हो गई है, उसका हिसाब रखना मुश्किल हो जाता है।

➤ स्टॉक का हिसाब लगाना मुश्किल हो जाता है।

➤ कुछ चोरी होने की संभावना बनी रहती है।

➤ गलत गणना होने की संभावना बढ़ जाती है।

➤ रेट गलत लग जाने की संभावना रहती है।

➤ पर्ची खो जाने का भी खतरा रहता है।

इन सभी समस्याओं को सुलझाने के लिए अब काफी सारे आसान तरीके उपलब्ध हैं-

➤ सरल अकाउंटिंग सॉफ्टवेयर्स, जो आपके मोबाइल और लैपटॉप पर आसानी से चल जाते हैं और यहाँ तक कि ये व्हाट्सएप से भी जुड़ जाते हैं।

➤ ऐसे सप्लायर चुनें जो आपको बिल से ही मैटेरियल दें, बिना बिल के काम न करें।

➤ हर तीन महीने में कम से कम एक बार अपना पूरे स्टॉक का जायजा लें और उसे गिनें।

मैंने आपको ये जो कुछ भी बताया हो सकता है आप ये सब जानते हों, मगर ऐसा करते बहुत कम लोग हैं। क्यों?

क्योंकि-

➤ **उन्हें लगता है कि उन्हें टैक्स भरना पड़ेगा**- मैं आपको भरोसे के साथ कह सकता हूँ, जितना नुकसान आप अभी कर रहे हैं, सही अकाउंटिंग सॉफ्टवेयर न

होने की वजह से, वह टैक्स की रकम से कहीं ज्यादा है। मैं आपको ये लिखित में दे सकता हूँ। ऐसा कई सारे व्यापारियों के साथ भी हो चुका है।

➤ उन्हें लगता है कि सॉफ्टवेयर चलाना बहुत मुश्किल है, और ये हमसे नहीं हो पाएगा। मैं आपको बता रहा हूँ, अगर आप पर्ची बना सकते हैं और व्हाट्सएप चलना जानते हैं, तो मैं दावे के साथ कह सकता हूँ कि आप इसे भी आराम से कर लेंगे। हो सकता है शुरुआत में थोड़ी मुश्किल हो, लेकिन बाद में यह आपके लिए आसान हो जाएगा।

➤ **वे सोचते हैं कि सॉफ्टवेयर महंगा होगा-** आजकल कई सस्ते और अच्छे सॉफ्टवेयर उपलब्ध हैं, जैसे मार्ग, व्यापार, माई बिल बुक, आदि। आप अपनी सुविधानुसार इनमें से किसी का भी इस्तेमाल शुरू कर सकते हैं। ये सालाना 2-5 हजार रुपये में आसानी से उपलब्ध होते हैं।

➤ **उन्हें लगता है कि स्टॉक गिनना संभव नहीं है-** हाँ, यह थोड़ा मुश्किल जरूर है, लेकिन जितना कठिन काम, उतना बड़ा इनाम। शुरुआत में 1-2 बार मुश्किल तो आएगी, लेकिन बाद में आपके स्टाफ को आदत हो जाएगी और चीजों को सही से रखना भी सीख जाएंगे।

3. विशिष्ट बड़े ग्राहकों को चुनें: बाजार में बढ़त पाने के लिए

मार्केट में सफल होने के लिए आपको कुछ अलग तरीके से सोचना होगा और नया करना होगा। आप पहले से ही इलेक्ट्रिकल डीलर्स और रिटेलर्स को माल देते हैं, लेकिन अब आपको अपने उत्पाद की ताकत को पहचानकर ऐसे बड़े ग्राहकों को ढूंढना होगा जो आपके उत्पाद की असली कद्र करें और नियमित रूप से खरीदें।

उदाहरण के लिए, हमारे कुछ डिस्ट्रीब्यूटर्स ने बल्ब होल्डर बेचने के लिए टेंट वालों से संपर्क किया। उन्हें अपनी लाइटिंग के लिए अच्छे होल्डर की जरूरत होती है। उन्होंने उन्हें उच्च गुणवत्ता वाले होल्डर अच्छे रेट पर दिए, जिससे वे हमारे नियमित ग्राहक बन गए। कुछ जगहों पर हमने सीधे सप्लाई की और कुछ जगहों पर डीलर के माध्यम से, लेकिन उन्होंने अपने क्षेत्र के सभी टेंट वालों को हमारे प्रोडक्ट की सप्लाई की।

इसी तरह, एक डिस्ट्रीब्यूटर ने मुर्गी के फार्म वालों को अपने ग्राहक बनाया, दूसरे ने आटा चक्की बनाने वालों को और किसी ने अन्य बड़े उपभोक्ताओं को चुना। जहाँ भी बड़े उपभोक्ता होते हैं, जैसे फैक्ट्री, मुर्गी फार्म, टेंट वाले, वहां उन्हें उत्पाद की सप्लाई शुरू की। इससे न केवल बिक्री में वृद्धि हुई, बल्कि बाजार में भी अच्छा नाम हुआ।

इस दृष्टिकोण से, आप केवल बिक्री को बढ़ावा नहीं देंगे बल्कि अपने ब्रांड की प्रतिष्ठा को क्षेत्र के हर कोने-कोने तक पहुँचाने में कामयाब होंगे।

सवाल? सुझाव? संपर्क करें!

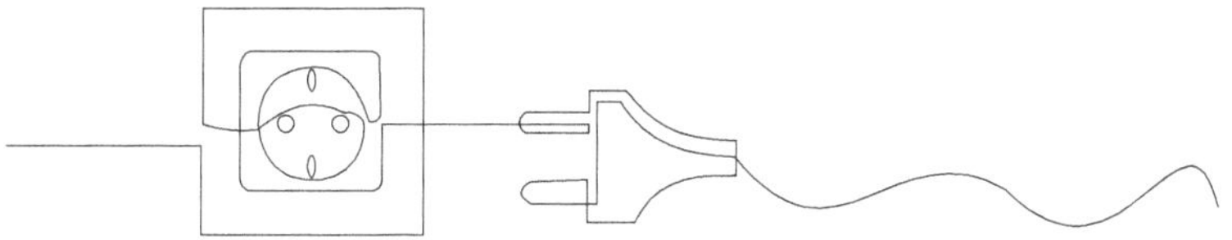

आभार

सबसे पहले तो अपना समय देने और इस पुस्तक को पढ़ने के लिए आपका धन्यवाद। मुझे उम्मीद है कि इस पुस्तक में दी गई जानकारियाँ और रणनीतियाँ आपके व्यापार को तेजी से बढ़ाने में मदद करेंगी और आपके कारोबार को हर साल दोगुना करने में सहायक होंगी।

संपर्क करें

यदि आपके पास कोई प्रश्न, फीडबैक या आप किसी विषय पर और चर्चा करना चाहते हैं, तो आप बेझिझक मुझसे संपर्क कर सकते हैं। आप मुझे ईमेल भेज सकते हैं या हमारे ऑफिस आकर व्यक्तिगत रूप से मिल सकते हैं। मैं हमेशा आपकी मदद के लिए उपलब्ध हूँ।

चलिए, मिलकर आपके कारोबार को अगले स्तर पर ले जाते हैं!

अपॉइंटमेंट के लिए कॉल करें: +91-7042345656

ईमेल आईडी: *care@hosperelectric-com*

पता- **F1, Mangolpuri Industrial Area, Phase-2, Delhi, 110034**

9 789363 384675